世界の難民の子どもたち
③「エリトリア」のハミッドの話

エリトリアから脱出してきた、ぼくの本当の話。

＊（監修者註）難民の定義はさまざまありますが、この本では、保護を求めて国外に逃れた人を「難民」と呼んでいます。

Hamid's Story - A Journey from Eritrea (Seeking Refuge)
Text and Illustrations ©Mosaic Films 2014
Japanese translation rights arranged with HODDER AND STOUGHTON LIMITED
on behalf of Wayland, a division of Hachette Children's Group
through Japan UNI Agency, Inc., Tokyo

世界（せかい）の難民（なんみん）の子（こ）どもたち
③「エリトリア」のハミッドの話（はなし）

2016年10月18日　初版1刷発行

監修　難民（なんみん）を助（たす）ける会（かい）

作　アンディ・グリン
絵　トム・シニア
訳　いわたかよこ
（翻訳協力　株式会社トランネット）

DTP　川本要

発行者　荒井秀夫
発行所　株式会社ゆまに書房

　　　東京都千代田区内神田2-7-6
　　　郵便番号　101-0047
　　　電話　03-5296-0491（代表）

ISBN978-4-8433-4990-8 C0331

落丁・乱丁本はお取替えします。
定価はカバーに表示してあります。

Printed and bound in China

世界の難民の子どもたち
③「エリトリア」のハミッドの話

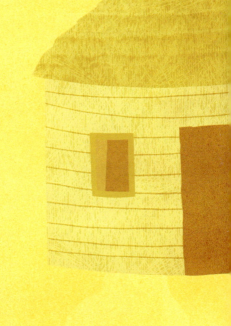

ぼくはハミッド。
これは、エリトリアから脱出してきた
ぼくの話。

ぼくたち家族がくらしていたのは、エリトリア。
ものすごく暑くて、ものすごく、にぎわっている国でした。

町には、屋台が立ちならび
いろいろな食べものが売られていました。

ただ、とても暑かったので
屋台の食べものという
食べものには
ハエがたかっていました。

それに
通りはどこも、砂ぼこりだらけ。
サーッと風がふけば
もう目がいたくて、いたくて
たまりませんでした。

エリトリアは、小さい国だけれど、たくさんの人が住んでいます。
だからバスは、いつだって満員でした。座席の数が全然たりないので
ぼくたちが座れることなんて、めったにありませんでした。

　　お年寄りに席をゆずるから
　　うんと小さい子だって、立ってなきゃならないんです。
　　あぶない！ って思うことが、何度もありました。

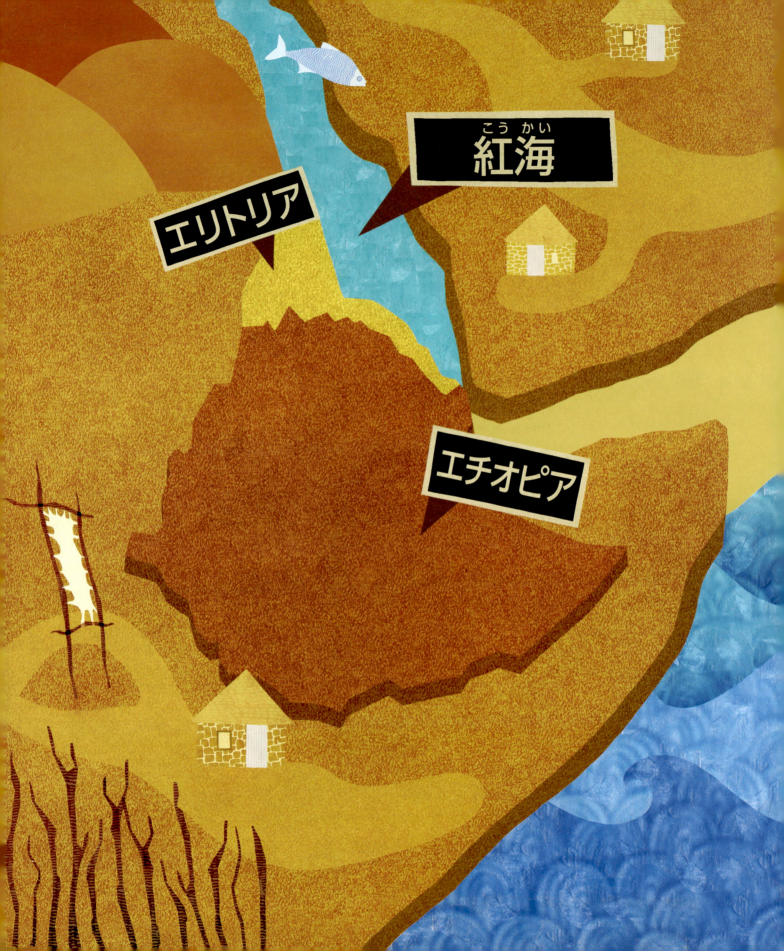

ずっと昔、エリトリアは大きな国でした。
だけど、その大きな国が
エリトリアとエチオピアにわかれたのです。

エリトリアがエチオピアから独立すると
紅海に面しているのは
エリトリアだけになりました。

でもエチオピアは、どうしても紅海がほしかったのです。
そのために、戦争がはじまったのでした！

エリトリアの人たちはみんな、飛行機に乗って国外ににげたいと思いましたが
それは、とうてい無理でした。

だから、多くの人が、エリトリアの中でにげまどい
自分たちや家族が、何とか無事でいられる場所を
必死にさがしました。

ぼくのおとうさんは、エリトリア政府の秘密を知っていました。
それで、役人におどされたのです。
秘密をもらせば、おかあさんとぼくの命はない！　と。

「この国から、にげるんだ」
おとうさんは言いました。
でも、おとうさんは、いっしょに来られませんでした。
政府に見張られていたからです。

ぼくは、おかあさんと飛行機に乗りました。
おぼえているのは
気が遠くなるほど長い旅だった、ということだけです。

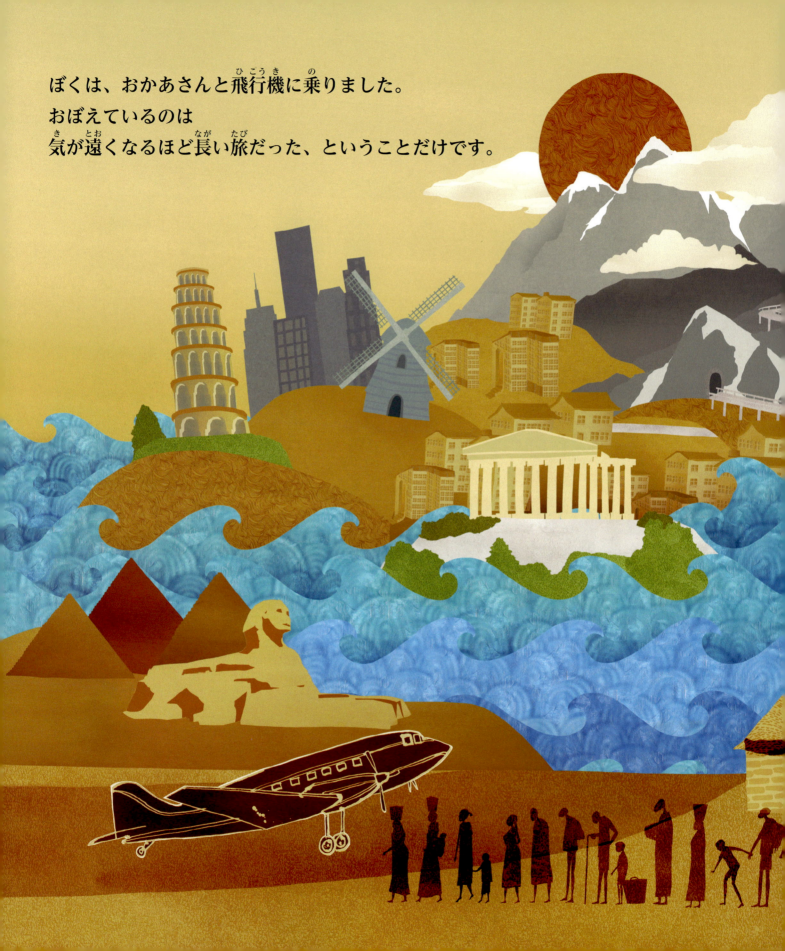

バスにも乗りました。
旅のあいだは、ひたすら、ねていました。

ようやく、新しい国に着きました。
でも最初は、本当に大変でした。
言葉がわからなかったからです。

学校にかよいはじめました。だけど、ずっと、おどおどしていました。
友だちがひとりもいなかったし、まわりの子たちはみんな、もう
それぞれにグループをつくっていたからです。

「いっしょに遊ぼう」
ある日、校庭で、男の子が声をかけてくれました。
その子と仲よくなると
友だちも、だんだん、ふえていきました。

やがて、ぼくたちも、新しいグループをつくりました。

数週間後、学校から帰ると
おおぜいの女の人がいました。
みんな、泣いています。

2階にあがっていくと
おかあさんが、自分の部屋のベッドに座っていました。
「落ち着いて聞いてね」
おかあさんが言いました。
「おとうさんが、エリトリアで亡くなったの」

おかあさんもぼくも、悲しみのどん底に、つき落とされました。
でも、しばらくしてから、おかあさんと決めました。
負けないで生きていこう、もう泣くのは終わりにしよう、と。

けれど、それから数日のあいだ
食べものがほとんど、のどをとおりませんでした。
水は少し飲んだけど、給食は食べられませんでした。

すると次の日、おかあさんに言われました。

「いつまでも落ちこんでいてはダメよ。
エリトリアは危険な国だった。だから、にげてきたの。
しかたのないことだったのよ」

おかげで、少しずつ気持ちが落ち着いてきました。
エリトリアから、この新しい国ににげてきたのは
まちがっていなかったんだ。そう思えるようになりました。

この国に来てから、友だちは、たくさんできました。
でも、プライベートの話はしません。
悲しいことなんて何もなかったみたいに
みんなで仲よく遊んだり、勉強したりしています。

それでも、ぼくが、ふさぎこんでいると、友だちは、冗談を言って
元気づけてくれます。友だちが、うなだれていると
ぼくが、おもしろい話をして、はげまします。
今は、前ほど心がいたむことも、なくなりました……

難民の理解のために

みなさんは「難民」と聞くと、どのような人を想像しますか。世界にはさまざまな理由で自分の故郷を捨てなければならない人々がいます。UNHCR（国連難民高等弁務官事務所）発表によると、2015年末の時点で、世界中で6,530万人が、内戦や治安悪化などによって難民や国内避難民などとして故郷を追われ、強制的に移動しなければならない状況に置かれています。

このうち、2,130万人が、母国を離れ他国に逃れている「難民」、約4,080万人が自国にとどまって避難生活を送っている「国内避難民」、そして320万人が「庇護希望者」です。いま、日本の人口は約1億3千万人ですが、世界ではその半数近くにあたる人々が故郷を追われているのです。

数字にしてしまうと、一人ひとりの顔が見えず、ただの大きな数の集団としか感じられないかもしれません。でも、その一人ひとりに、人種や宗教が違うというだけで迫害されたからとか、武力紛争が激化して安全でなくなったからとか、故郷を捨てなければならないそれぞれの理由があります。

そして、避難する長い道のりの途中で家族が離れ離れになってしまったり、地雷を踏んで手足を失ってしまったりといった、それぞれの物語があります。なんとか生き延びたとしても、難民を受け入れている国も経済的に貧しい場合も多いので、避難先で十分な食料や生活に必要な物資の支援を受けられないこともあります。学校に行けなかったり、たとえ通えても、言葉が違ったりして、授業が理解できないかもしれません。もちろん、難民となっても、逃れた先で一生懸命に努力して、生活の基盤を築き、成功をおさめる人もいます。

本書は難民となった子どもたちの実話です。いま、この瞬間にも世界のどこかで故郷を捨てて逃げている最中の子どもたちがいます。この本を読んで、そんな子どもたちの苦悩・希望・決意を少しでも想像してみてください。そして、世界の難民に対して、みなさんができることが何かないかを少しでも考えてくれたらうれしいです。

「難民を助ける会」専務理事
堀江良彰